Découvrez comment 50 signes peuvent changer votre quotidien avec bébé !

Comment communiquer avec bébé

Bébé pleure, grogne, grimace ou gazouille. Nul doute : il a **quelque chose à vous dire.** Mais a-t-il encore faim ? A-t-il trop chaud ? À moins que sa couche ne soit sale ? Il s'exprime bien **avant de pouvoir parler** mais difficile pour lui de **se faire comprendre**.

Et si vous utilisiez la **langue des signes pour bébé** pour communiquer ?

• COMMUNIQUEZ AVEC LES MAINS

De la même façon que bébé sait dire au revoir, bravo ou chut avec ses mains, la langue des signes pour bébé (LSB) propose une **série de gestes** permettant de dialoguer avec lui.

Le **vocabulaire simple de la langue des signes française (LSF)** est utilisé **sans syntaxe, conjugaison ou grammaire.** Certains signes sont directement issus de la LSF tandis que d'autres sont adaptés à la motricité de bébé.

• UN PEU D'HISTOIRE

Naissance de la langue des signes

Jusqu'au XVIIIè siècle, peu d'attention est prêtée aux sourds qui restent très isolés. Charles-Michel de l'Épée, appelé **l'abbé de l'Épée**, fait évoluer cette situation. Il fonde la **première école publique pour les sourds**. Pour enseigner le français, il développe également **les signes méthodiques**, mélange de gestes naturels de ses élèves et d'autres de son invention.

En 1817, après un séjour dans l'institut de l'abbé de l'Épée, **Thomas Hopskins Gallaudet** crée l'université Gallaudet, première institution pour l'éducation des sourds aux États-Unis. En 1880, le congrès de Milan décrète l'abandon de la langue des signes dans l'enseignement, une interdiction qui durera près de 100 ans.

En **2005**, la langue des signes française (LSF) est **reconnue comme « langue à part entière »**[1].

1. La langue des signes française est reconnue à part entière dans la domaine de l'enseignement sous la loi du 11 février 2005 (Art. L. 112-2-2 du Code de l'éducation, inséré par la Loi n° 2005-102 pour l'égalité des droits et des chances, la participation et la citoyenneté des personnes handicapées).

Émergence de la langue des signes pour bébé

À la fin des années 1970, **Joseph Garcia** remarque que les enfants entendants de ses amis sourds communiquent entre eux plus tôt que les autres grâce à des signes. Il en fait le sujet de sa thèse et développe le programme **Sign2me** à partir de la langue des signes américaine.

Parallèlement, **Linda Acredolo** et **Susan Goodwyn**, deux chercheurs de l'université de Californie, mettent au point **Baby Signs**, un système de signes simplifiés permettant aux bébés de communiquer avec leur entourage. Les deux psychologues éditent **en 1996** *Baby Signs* : *How to talk with your baby before your baby can talk*[1].

La langue des signes pour bébé n'arrive en France que **10 ans plus tard**, par le biais des premiers livres[2] et associations militant pour sa reconnaissance.

À partir de 2012, la **possibilité de se former à distance** par visioconférence donne une ampleur supplémentaire au phénomène.

1. Baby Signs : *How to talk with your baby before your baby can talk*, Linda Acredolo, Susan Goodwyn et Doug Abrams, éditions Contemporary Books, 1996.
2. Voir *Signe avec moi*, Nathanaëlle Bouhier-Charles et Monica Companys, éditions Monica Companys. 2006.

• LSB : LANGUE OU LANGAGE ?

LSB peut aussi bien vouloir dire **Langue** des **Signes** pour les **Bébés** (Langue des signes utilisée pour les bébés) que **Langage** des **Signes** pour **Bébé**. En effet, la LSB n'ayant pas de syntaxe, de conjugaison ou de grammaire, il s'agit d'un **langage**.

En revanche, la **LSF est une langue** à part entière, reconnue officiellement depuis **2005**.

Pour chaque signe, les pastilles ci-dessous précisent s'il est identique en LSF ou s'il a été adapté à la motricité de bébé.

LSF *LSB*

• LES BÉNÉFICES DE LA LSB

Ce n'est pas parce que bébé ne peut pas parler qu'il ne veut pas s'exprimer. Alors pour se faire comprendre, il utilise les seuls moyens à sa disposition : **il s'agite, grogne ou pleure.** Le résultat ? Vous n'êtes pas ravi et lui non plus. **Comment la LSB peut-elle vous sauver et quels bénéfices en tirer ?**

- Parents et bébé voient leur **frustration diminuer** et les épisodes de **colères ou de pleurs s'atténuer**.
- La **communication** entre parents et bébé est améliorée : un **lien privilégié** et une complicité particulière s'installent.
- En famille, à la crèche ou avec l'assistante maternelle, la LSB est une **activité constructive et ludique**.
- Acteur de sa communication, bébé acquiert de la **confiance en lui**.
- Le **développement intellectuel** de bébé et **les processus d'apprentissage** de bébé sont stimulés, la mémoire ou la pensée se développent.
- Bébé acquiert le goût de la communication, un atout pour **l'apprentissage de la parole**.

« Très vite, les enfants répondent aux auxiliaires par des gestes, des mimiques du visage. Ainsi, la communication et l'échange évoluent petit à petit et les enfants s'approprient tous les moyens pouvant leur permettre de communiquer. L'acquisition de signes courants permet aux enfants d'exprimer des sensations, des besoins,... et génère moins de frustration ou de colère.»

Marie-Josée, directrice de crèche

« Pour nommer Louise, la grande sœur de Léonard, nous avons placé la main sur le front, comme sa grande frange. Léonard s'est complètement approprié ce signe et c'est toujours très drôle de le voir l'utiliser ! »

Pierre

• BÉBÉ ET LA COMMUNICATION

Dès qu'il vient au monde, bébé cherche à communiquer, mais à chaque âge ses avancées…

Entre 1 et 2 mois	Il regarde dans les yeux
Entre 2 et 4 mois	Il gazouille et fait **des vocalises de plus en plus riches** Il réagit quand on lui tend les bras Il tourne la tête quand on l'appelle
Entre 4 et 9 mois	Il prononce **plusieurs syllabes** différentes et les répète
Vers 6 mois	**L'apprentissage de la LSB peut commencer**
Vers 8 mois	Il peut faire ses premiers signes
Entre 9 et 16 mois	Il dit son **premier mot**
Entre 17 et 24 mois	Il connaît plusieurs mots puis commence à faire des petites phrases de deux mots. **Il abandonne naturellement les signes** des mots qu'il sait prononcer et ne conserve que ceux des mots les plus complexes

• L'APPROCHE DU LIVRE

Suivre l'éveil de bébé

Simple, concis et ludique, le livre est centré sur **50 signes du quotidien**. Plutôt que d'être structuré comme un dictionnaire, il est organisé comme **un parcours d'apprentissage.**

L'éveil de bébé est suivi pas à pas, **de ses besoins les plus basiques aux plus complexes**, de son environnement le plus proche au plus lointain.

Chapitre 1 : Premiers gestes, actions ou besoins. *Biberon*, *papa*, *maman*…
Chapitre 2 : Premières activités à la maison et hygiène. *Pipi*, *jouer*, *dormir*…
Chapitre 3 : Sensations, jeux et jouets. *Chaud*, *bobo*, *ballon*…
Chapitre 4 : Le monde alentour, couleurs et animaux. *Maison*, *chat*, *bleu*…
Chapitre 5 : Politesse, sentiments et relations aux autres. *S'il vous plait*, *aimer*, *toi*…

• QUESTIONS FRÉQUENTES

- Quand commencer ?

Les parents les plus studieux peuvent débuter la formation **avant l'arrivée de bébé**, les autres ont tout le temps de s'y mettre après sa naissance ! Mais inutile de commencer les signes trop tôt sous prétexte de transformer votre progéniture en petit génie. Les premiers signes peuvent être appris à bébé **à partir de 6 mois**.

De son côté, il pourra les reproduire **vers 8-10 mois**, période où il apprend à dire « au revoir » ou à pointer du doigt. Gardez cependant en tête que **tous les enfants n'ont pas le même rythme** : ne vous impatientez pas et laissez à bébé le temps de s'habituer.

- L'utilisation de la LSB retarde-t-elle l'apprentissage de la parole ?

Bien au contraire ! L'expérience des familles et de nombreuses études démontrent que la LSB donne le **goût de la communication**, un **atout pour le développement de la parole**.

Et par ailleurs, bébé continue à voir autour de lui de nombreux interlocuteurs, qui eux, n'utilisent que la parole pour s'adresser à lui : quand bébé comprendra qu'il peut donner du sens à ses cris, il ne manquera certainement pas de le faire…

- Combien de temps faut-il compter pour l'apprentissage de la LSB ?

Tout dépend des enfants et de leur stade de développement. **Le premier signe est le plus long** à venir : une fois que ce déclencheur a eu lieu, d'autres signes arrivent le plus souvent dans la foulée.

- L'apprentissage de la LSB est-il réservé aux parents sourds ?

La LSB peut être utilisée par **les parents sourds ou malentendants… et tous les autres !** Tous les jeunes enfants peuvent s'y mettre. Sans oublier leur **entourage** : parents, frères et sœurs, assistantes maternelles, personnel de crèches etc.

- Faut-il maîtriser la LSF pour se lancer ?

Nul besoin de maîtriser la langue des signes française pour commencer la LSB. Les 50 signes du livre permettent de **répondre aux besoins clés de bébé**. Rien ne vous empêche par la suite d'apprendre la LSF, en ayant en tête le fait que cette langue a une syntaxe et un vocabulaire à part.

- Tout l'entourage doit-il apprendre la LSB ?

Idéalement, l'entourage proche de bébé (grands parents, frères et sœurs, assistante maternelle…) devrait connaître **quelques incontournables de la LSB**. Bébé peut essayer de communiquer avec eux et il serait dommage qu'il ne se fasse pas comprendre.

« Un jour, ma mère me raconte que Côme n'arrêtait pas de taper dans sa main alors qu'il était à table.
Elle se demandait quelle mouche l'avait piqué. Mais Côme essayait simplement de lui dire qu'il voulait à nouveau des pâtes en faisant le signe encore ! »

Virginie

« Cela fait 3 semaines que je signe «biberon» matin et soir à ma fille de 10 mois, et je crois bien qu'elle a fait son premier signe ! Il n'était pas parfait bien sûr : elle n'avait pas fini son biberon, je l'ai reposé, et tout à coup je l'ai vue mettre son petit pouce sous son bras gauche...
J'ai essayé le biberon et c'était bien ça qu'elle voulait ! Quelle émotion et quelle joie de la voir communiquer avec nous ! »

Coralie

• LES RÈGLES D'OR DE LA LSB

En pratique, comment s'y prendre ? Les règles d'or vous donnent toutes les clés pour un apprentissage ludique et en douceur.

1 **Maîtrisez bien les signes** avant de commencer à les enseigner à bébé. Assurez-vous donc de recevoir une bonne formation. En complément du livre, et parce que la théorie doit être conjuguée à la pratique, suivez une formation sur Lingueo.fr : un cours de 30 minutes est offert avec l'achat de ce livre.

2 **Prononcez systématiquement l'action ou le mot** en même temps que le signe est effectué. N'hésitez pas à **surligner le signe et le mot avec une mimique du visage**. Les sourcils levés peuvent ainsi marquer une question.

3 **Suivez le cheminement du livre**, calqué sur l'éveil de l'enfant. Introduisez les signes petit à petit sans griller les étapes. **Pointez l'objet correspondant au signe** dès que possible.

4 **Pratiquez tous les jours** dès que l'apprentissage a commencé, aussi souvent que vous le pouvez et pas seulement chez vous. La LSB est désormais votre moyen de communication normal.

5 **Persévérez** si bébé ne parvient pas à reproduire certains signes. Les premiers résultats concrets ne sont pas toujours rapides, sachant que le premier signe est le plus long à se manifester.

6 **Aidez bébé à former les signes** qu'il aurait du mal à faire : dirigez ses gestes, sans forcer.

7 **Restez flexible et ouvert** aux expérimentations de bébé. Le but de l'opération est de communiquer, pas de faire un spectacle de fin d'année. La LSB doit rester **une expérience agréable**.

8 **Encouragez le champion** quand il exécute son/ses premier(s) signe(s) même si ce n'est pas à propos. Et n'attendez pas que le signe soit parfait, de la même façon que vous n'attendrez pas une diction impeccable quand vous **féliciterez bébé** pour ses premiers mots.

9 **Soyez créatif** : inventez des signes pour nommer vos proches à partir d'une caractéristique physique.

10 Enfin règle d'or des règles d'or : **AMUSEZ-VOUS** ! L'apprentissage de la LSB doit rester un **moment ludique** et non le dressage d'un futur enfant précoce.

• UN LIVRE SIGNÉ LINGUEO

Lingueo.fr
Rendons les langues vivantes !

À l'origine du livre, le site Lingueo.fr

En 2007, deux jeunes entrepreneurs amoureux des langues étrangères, Arnaud Portanelli et Guillaume le Dieu de Ville fondent Lingueo. La formule ? Un ordinateur, un accès internet et une webcam suffisent pour apprendre **des dizaines de langues étrangères depuis chez soi avec des professeurs issus du monde entier**.
En 2009, la langue des signes française arrive sur la plateforme : c'est un succès.

En 2012, **la langue des signes pour bébé** est enseignée à son tour et Lingueo devient le seul organisme permettant de l'apprendre **par visioconférence**. Aujourd'hui, **des dizaines de milliers de cours** ont été dispensés en ligne.

Une demande des parents et professionnels

Dès 2012, émerge **une demande de base théorique** sur la langue des signes pour bébé parmi les parents et professionnels de la petite enfance formés par Lingueo. L'idée d'un livre est lancée et **le projet mûrit pendant deux ans** avec la collaboration des professeurs du site.

Une méthode innovante

Au cours du premier semestre 2014, le projet est fin prêt. Les atouts de l'ouvrage ? Simplicité, concision et méthode d'apprentissage calquée sur l'**éveil de l'enfant**. **50 signes** ont été sélectionnés pour 5 étapes tout en douceur.

Innovation supplémentaire, **un cours de 30 minutes en visioconférence** avec un professeur est offert avec le livre. Du **sur mesure** pour allier la théorie et la pratique !

• BÉNÉFICIEZ DE VOTRE COURS PARTICULIER

Pour bénéficier de votre **cours particulier**[1] en **visioconférence**, merci de nous faire parvenir (dans un délais maximum de six mois après l'achat de ce livre) à l'adresse mail lsb@lingueo.com :

- votre nom et prénom,
- votre numéro de téléphone,
- une preuve d'achat (scan ou photo de votre facture).

1. Vous serez informé par email de l'activation de votre cours particulier de 30 minutes sur Lingueo.fr

Sommaire

Chapitre 1

Bébé doit tout d'abord faire **le lien entre un signe et ce qu'il représente**. Il s'agit d'introduire les signes qui concernent **son environnement** le plus immédiat : ses premiers gestes, actions ou besoins.

Commencez avec trois signes et **répétez-les régulièrement** pendant une semaine. En général, les plus appréciés sont : *boire*, *manger*, *encore* et *dodo*.

Maman

LSF

Ouvrez votre main face au ciel et rapprochez deux fois sa tranche de vos côtes au-dessous de la poitrine.

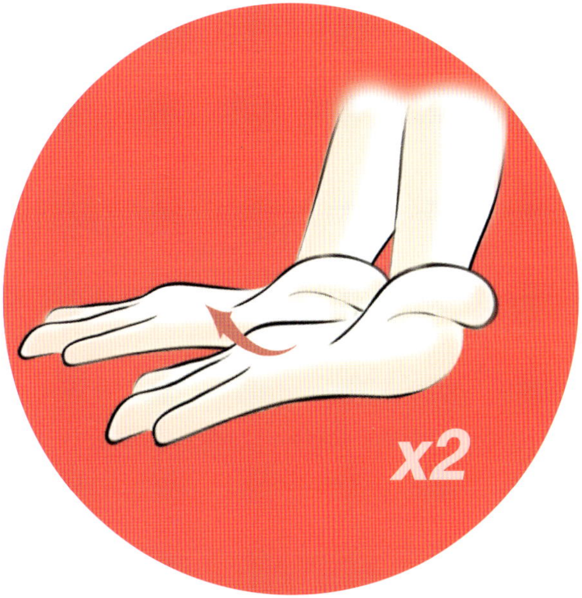

Mes petites notes

Papa

LSF

Pincez deux fois votre index avec votre pouce au niveau de la bouche.

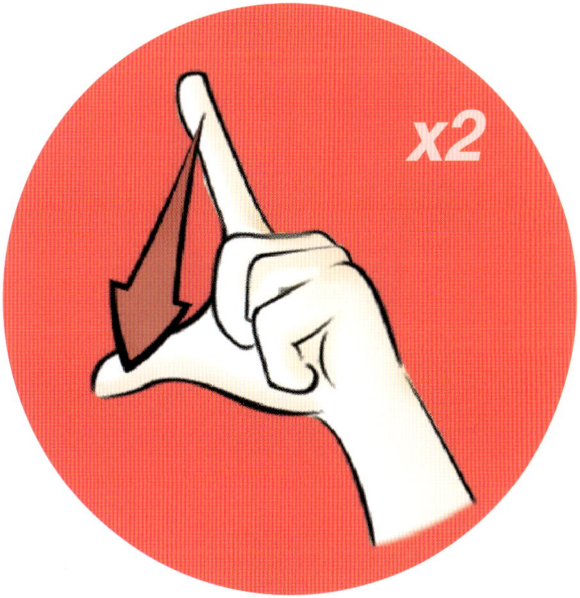

Mes petites notes

Bébé

LSF

Joignez le bout des doigts d'une main et faites-la tourner deux fois sur elle-même.

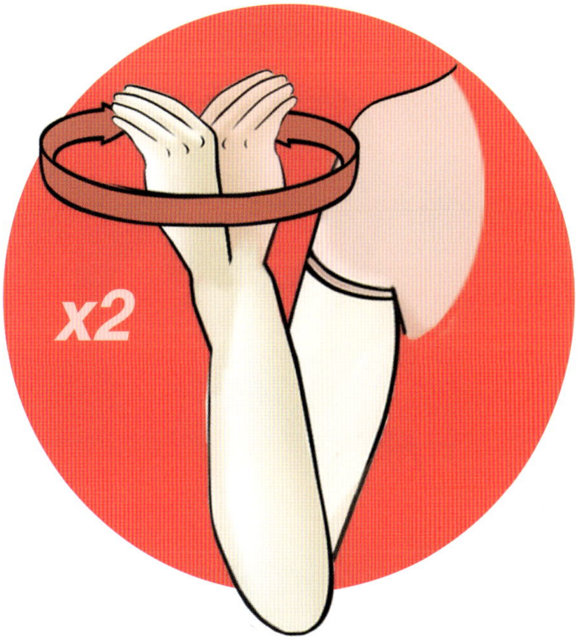

Mes petites notes

Boire

LSF

Fermez le poing en laissant le pouce tendu et portez-le à proximité de votre bouche.

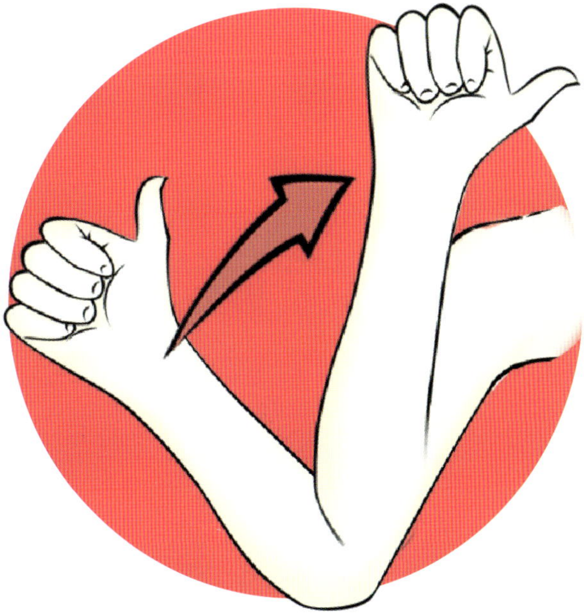

Mes petites notes

Manger

LSF

Joignez le bout des doigts d'une main et aprochez-les deux fois de votre bouche.

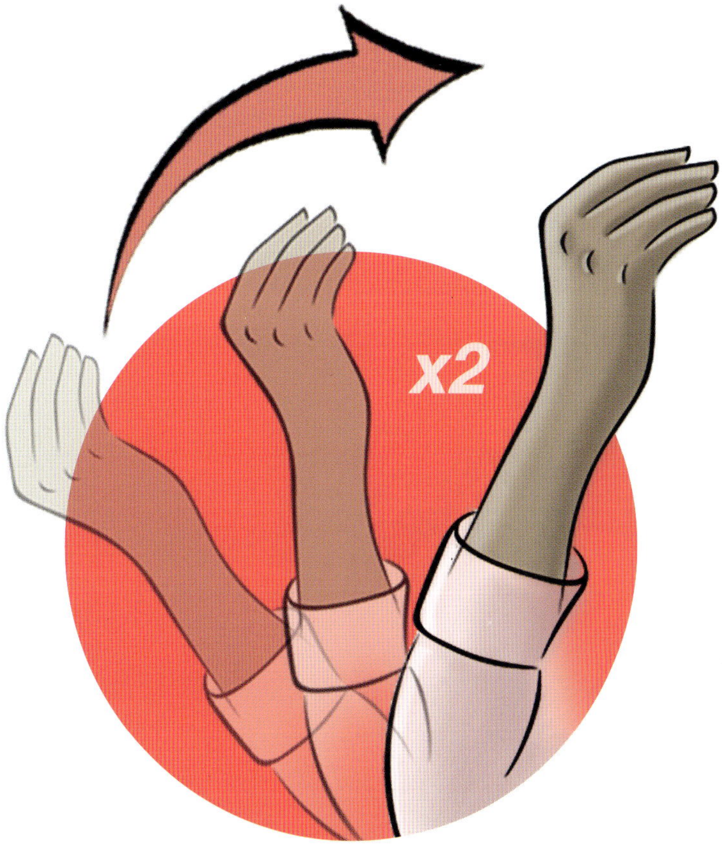

Mes petites notes

Encore

Pliez une main à 90° puis tapez deux fois perpendiculairement le bout des doigts de cette main sur la paume de l'autre main.

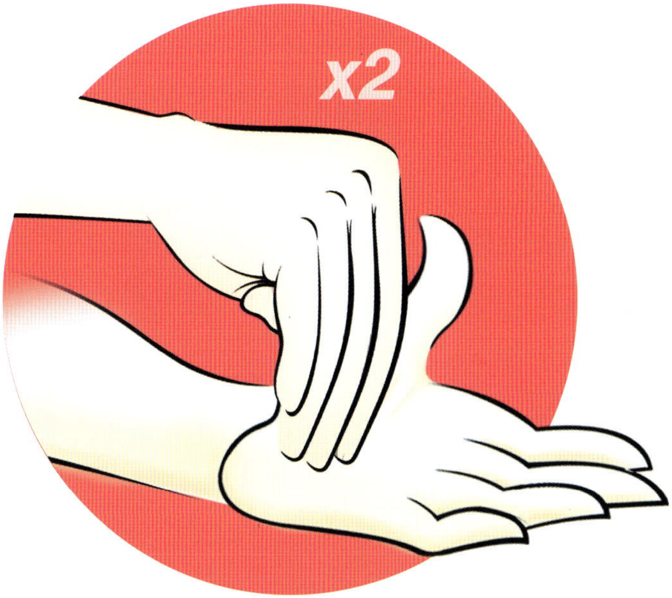

Mes petites notes

Fini

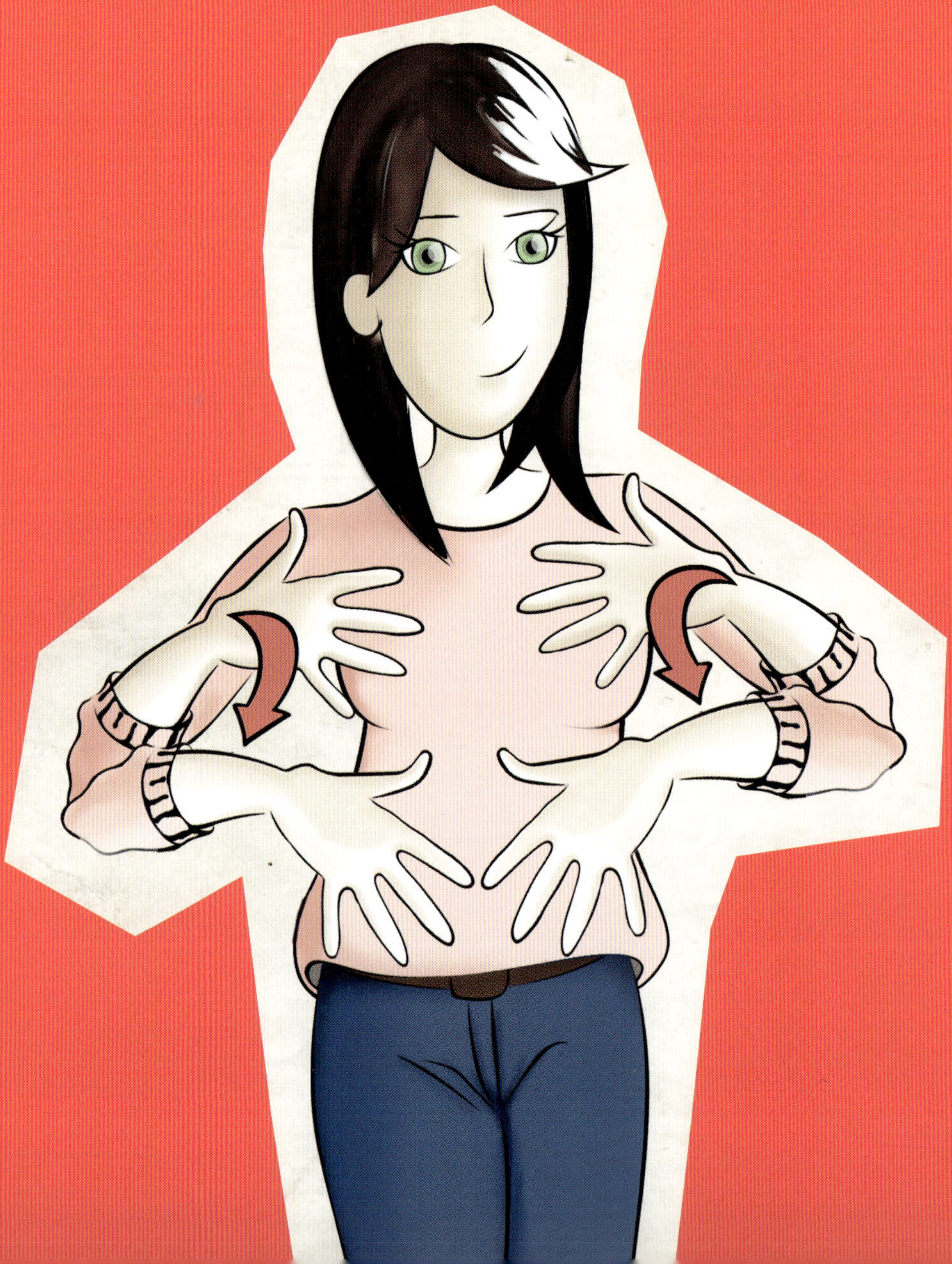

LSF

Placez vos paumes, doigts écartés, face à votre torse, puis faites-les descendre en poussant légèrement vers l'avant.

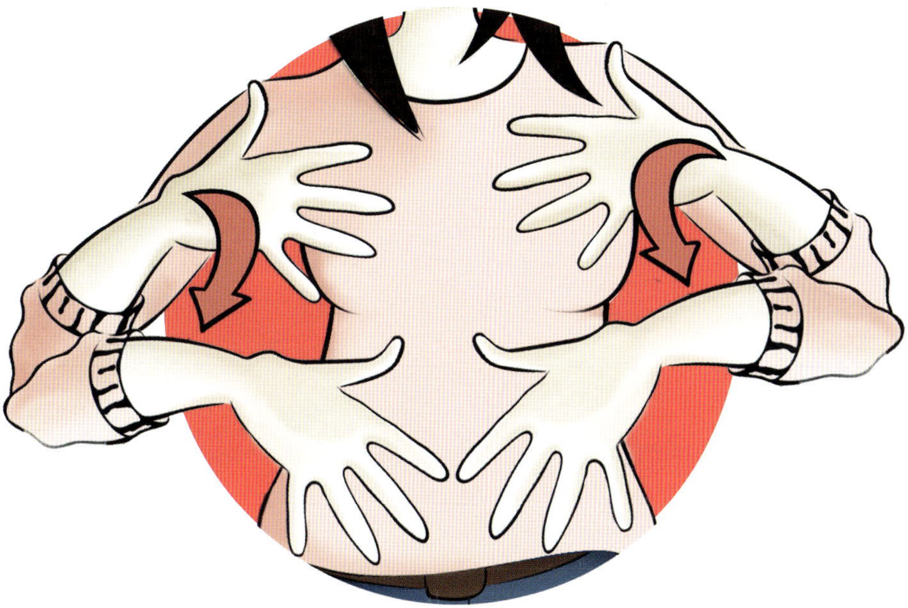

Mes petites notes

Bonjour

Mettez votre main, paume ouverte, face à votre bouche.
Ecartez votre main de la bouche pour saluer.

Mes petites notes

Au revoir

LSF

Agitez votre main tendue de gauche à droite.

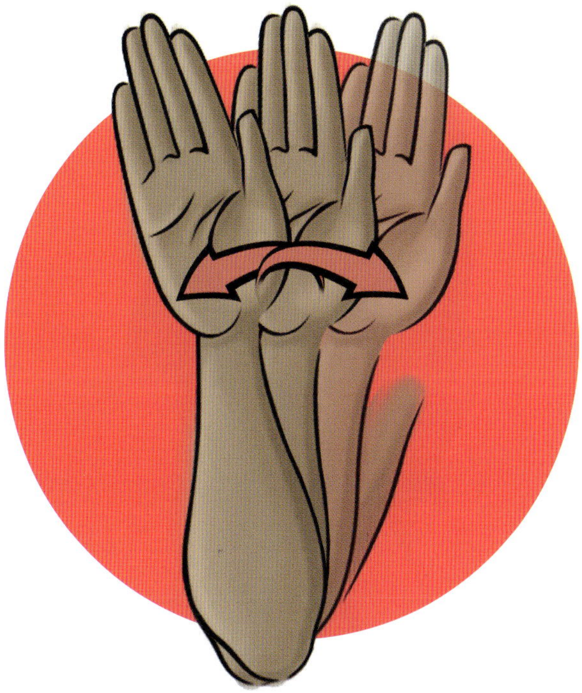

Mes petites notes

Dodo

LSF

Mettez le côté intérieur de votre main ouverte le long du visage et placez le pouce sous le menton. Inclinez légèrement la tête sur la main.
Vous pouvez fermer les yeux.

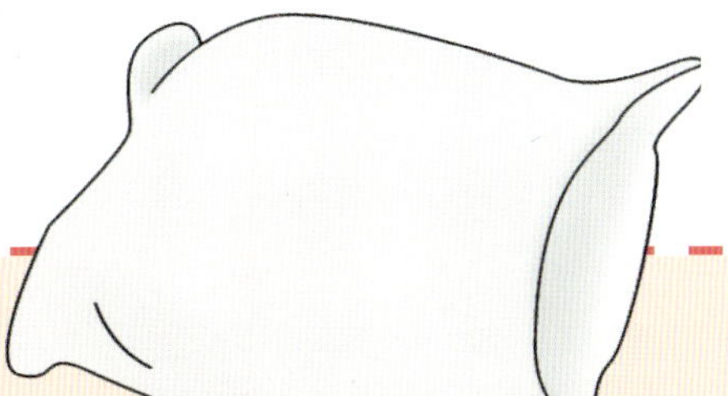

Mes petites notes

Chapitre 2

Le périmètre d'action de bébé s'élargit : **place aux activités à la maison et à l'hygiène**. Utiliser les signes correspondant à ces actions du quotidien lui permet de les anticiper.

Bientôt, **il pourra vous prévenir** que sa couche est sale ou qu'il veut son doudou !

Caca

LSF

Tapotez deux fois votre index levé sur le côté du cou.

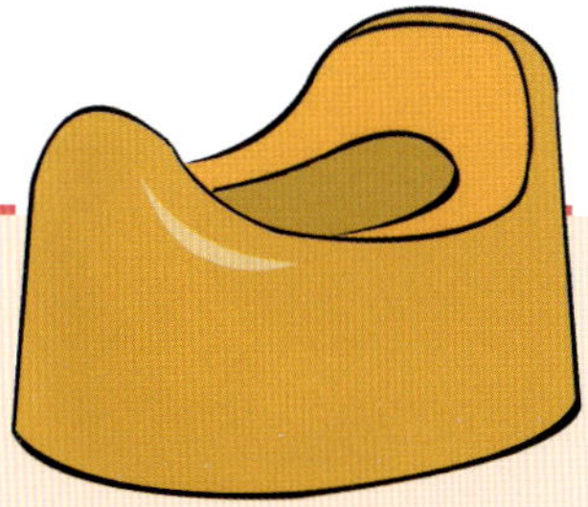

Mes petites notes

Pipi

LSF

Serrez le poing à l'exception de l'auriculaire et du pouce qui doivent rester tendus. Placez le pouce sur votre ventre puis faites un mouvement d'avant en arrière deux fois.

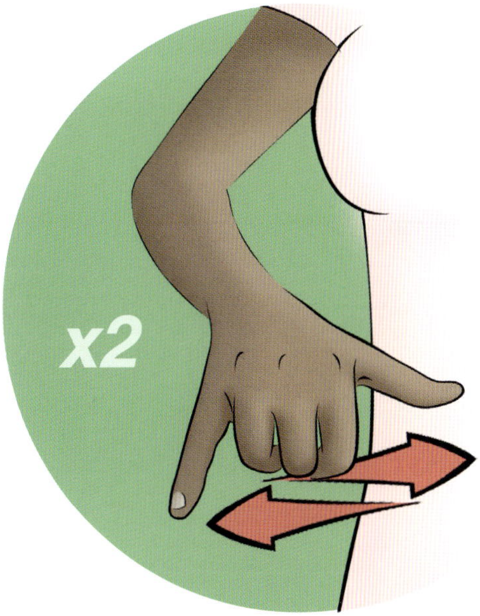

Mes petites notes

Se laver

LSF

Placez votre main tendue devant votre visage, paume face à vous,
puis faites un mouvement circulaire tout autour.

Mes petites notes

____

____

____

Couche

LSB

Paume ouverte et doigts tendus vers le sol,
placez votre main à plat sur le bas du ventre.

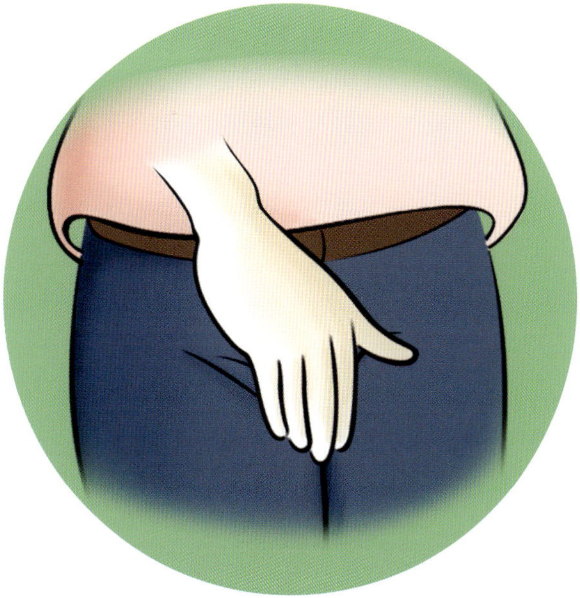

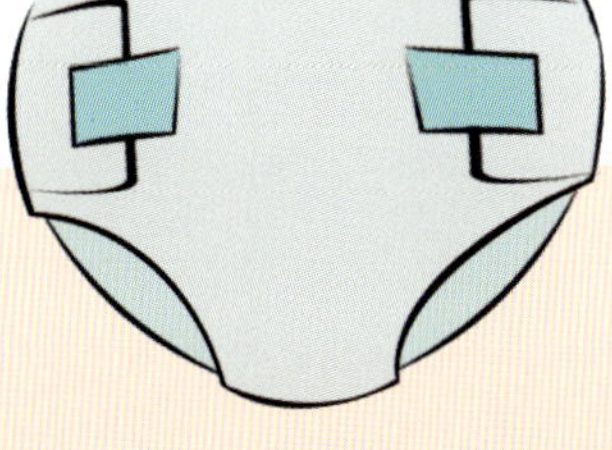

Mes petites notes

Doudou

LSB

Serrez le poing. Placez votre index sur votre pouce et mettez-le devant votre bouche.

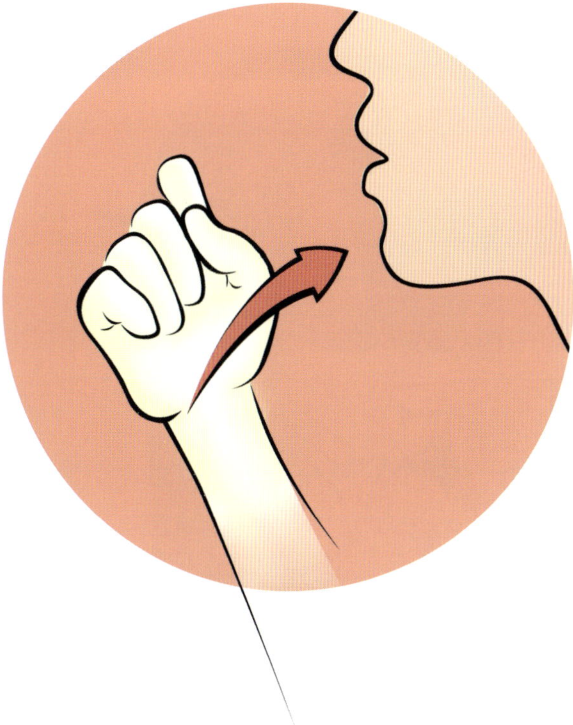

Mes petites notes

Téter

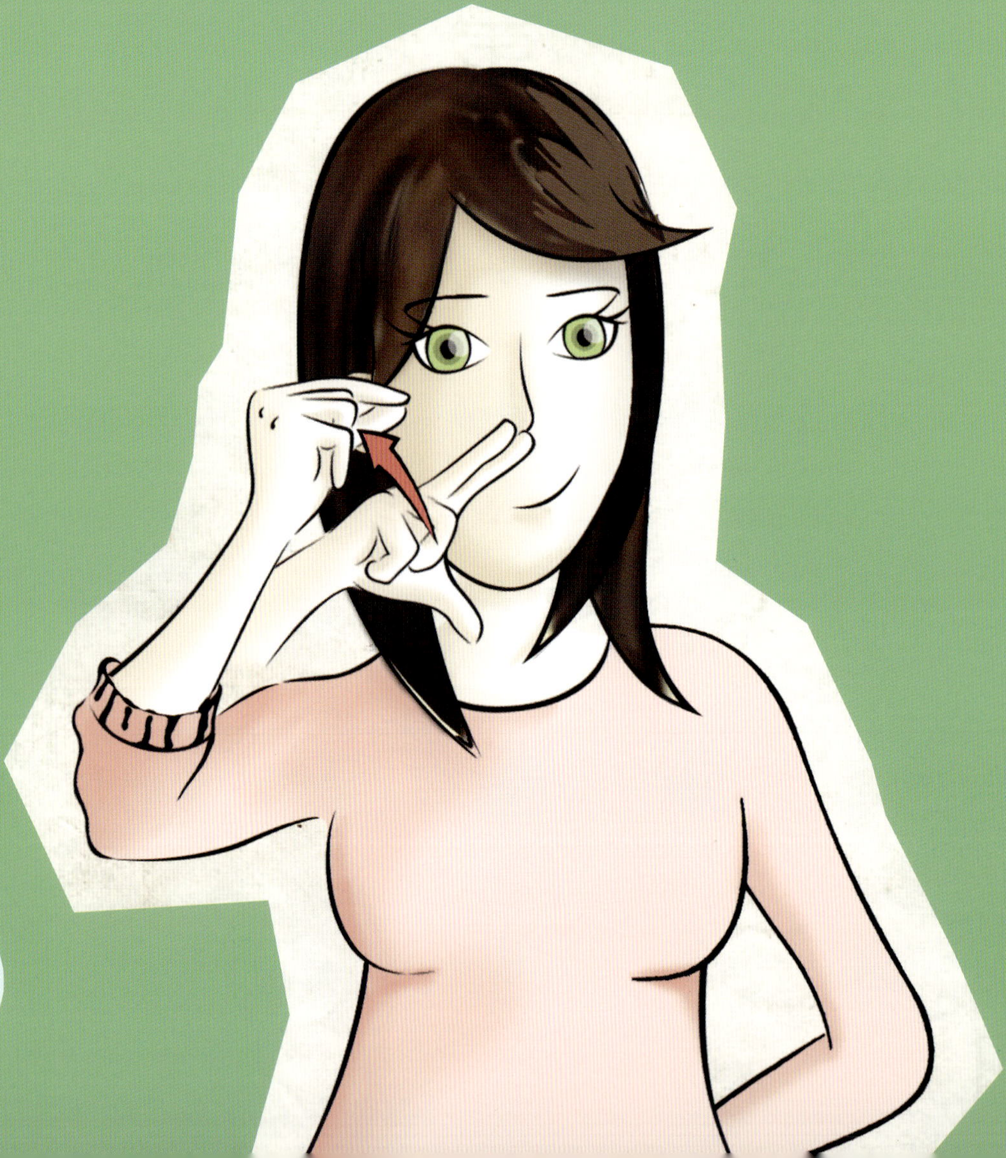

LSF

Pliez l'auriculaire et l'annulaire et joignez plusieurs fois les autres doigts.

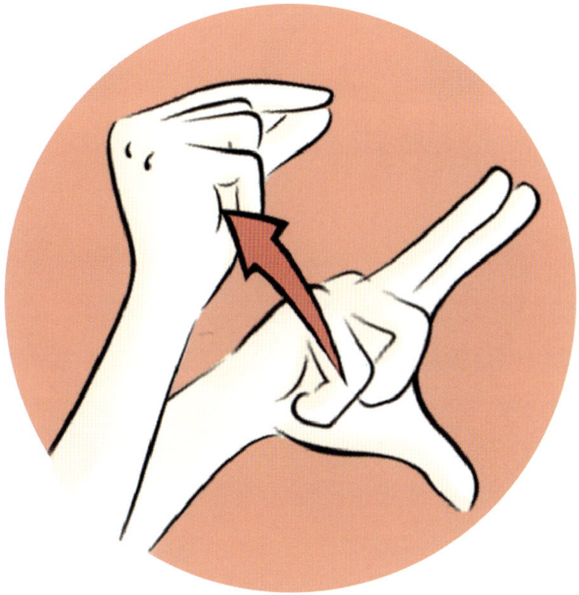

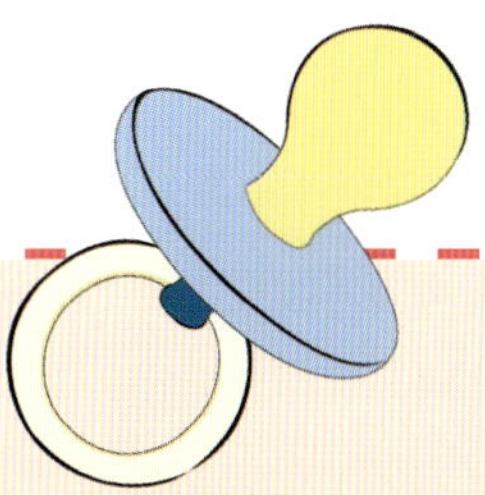

Mes petites notes

Musique

Index levés, faites bouger vos mains à la façon d'un «chef d'orchestre».

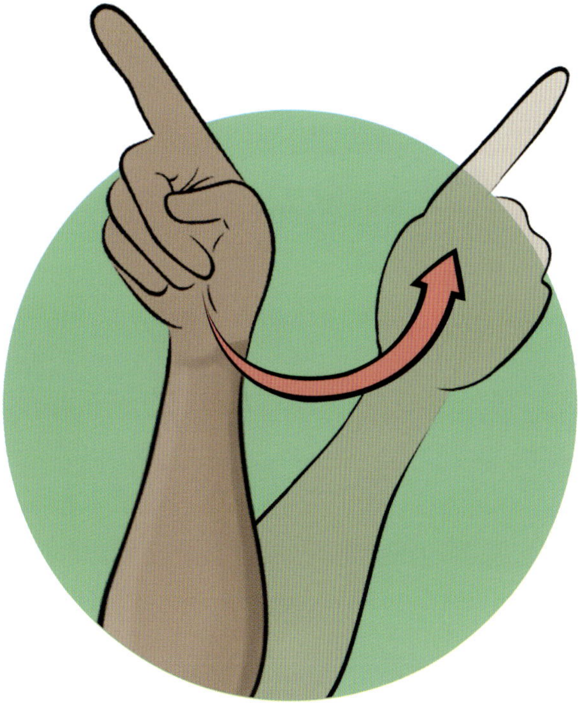

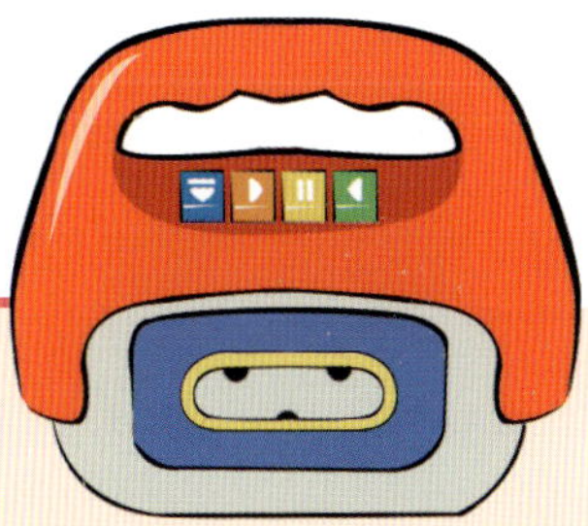

Mes petites notes

Jouer

Tendez l'auriculaire et le pouce des deux mains.
Faites plusieurs mouvements circulaires, l'intérieur des mains face à vous.

Mes petites notes

Câlin

LSB

Fermez le poing et remontez-le le long du visage.

Mes petites notes

Bravo

LSB

Applaudissez.

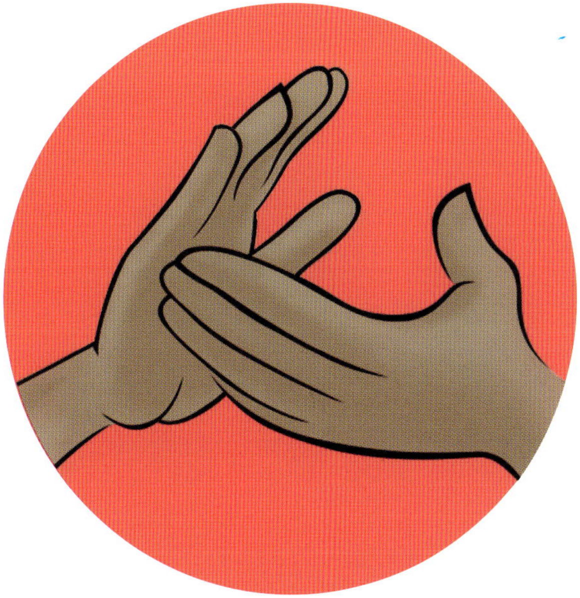

Mes petites notes

Chapitre 3

C'est maintenant le moment d'introduire **les signes liés aux sensations**, jeux ou jouets de bébé. Mais n'oubliez pas de **continuer les autres** !

La répétition est fondamentale pour qu'il puisse assimiler l'ensemble de ces signes.

Chaud

LSF

Pliez légèrement vos doigts, comme si vous teniez une balle.
Placez-la près de votre bouche puis éloignez-la en ouvrant la bouche.

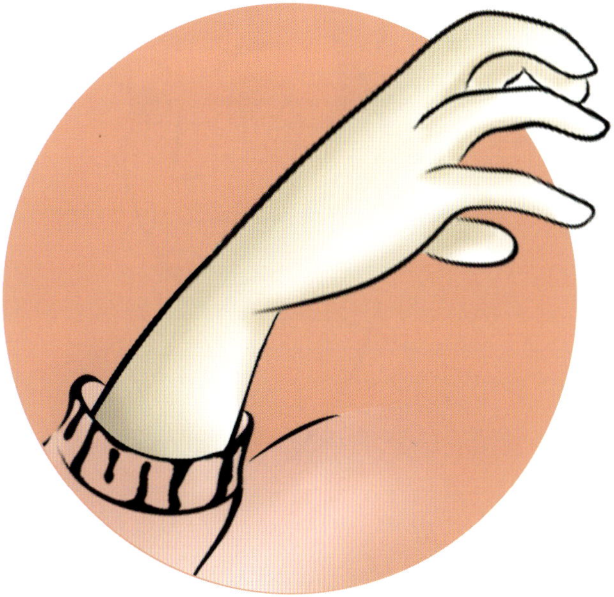

Mes petites notes

Avoir mal

LSF

Serrez vos poings et tendez vos pouces. Placez vos mains côte à côte puis faites tourner vos pouces, toujours tendus, l'un autour de l'autre.

Vous pouvez également utiliser ce signe pour dire « Bobo »

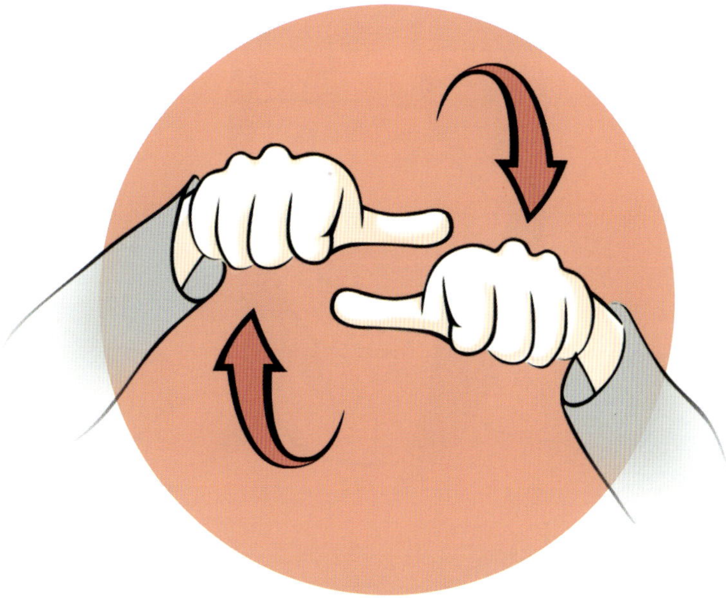

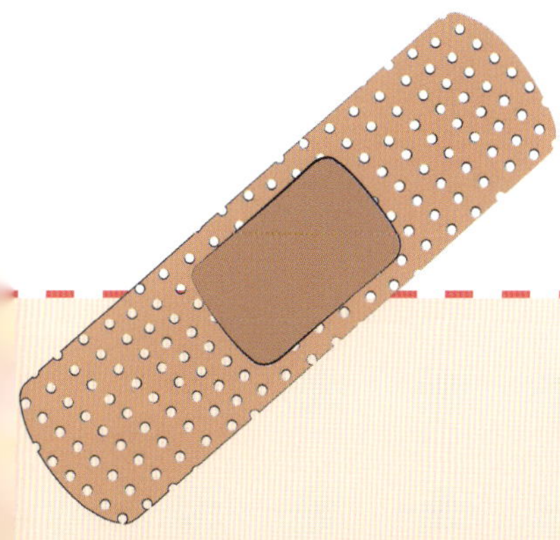

Mes petites notes

Malade

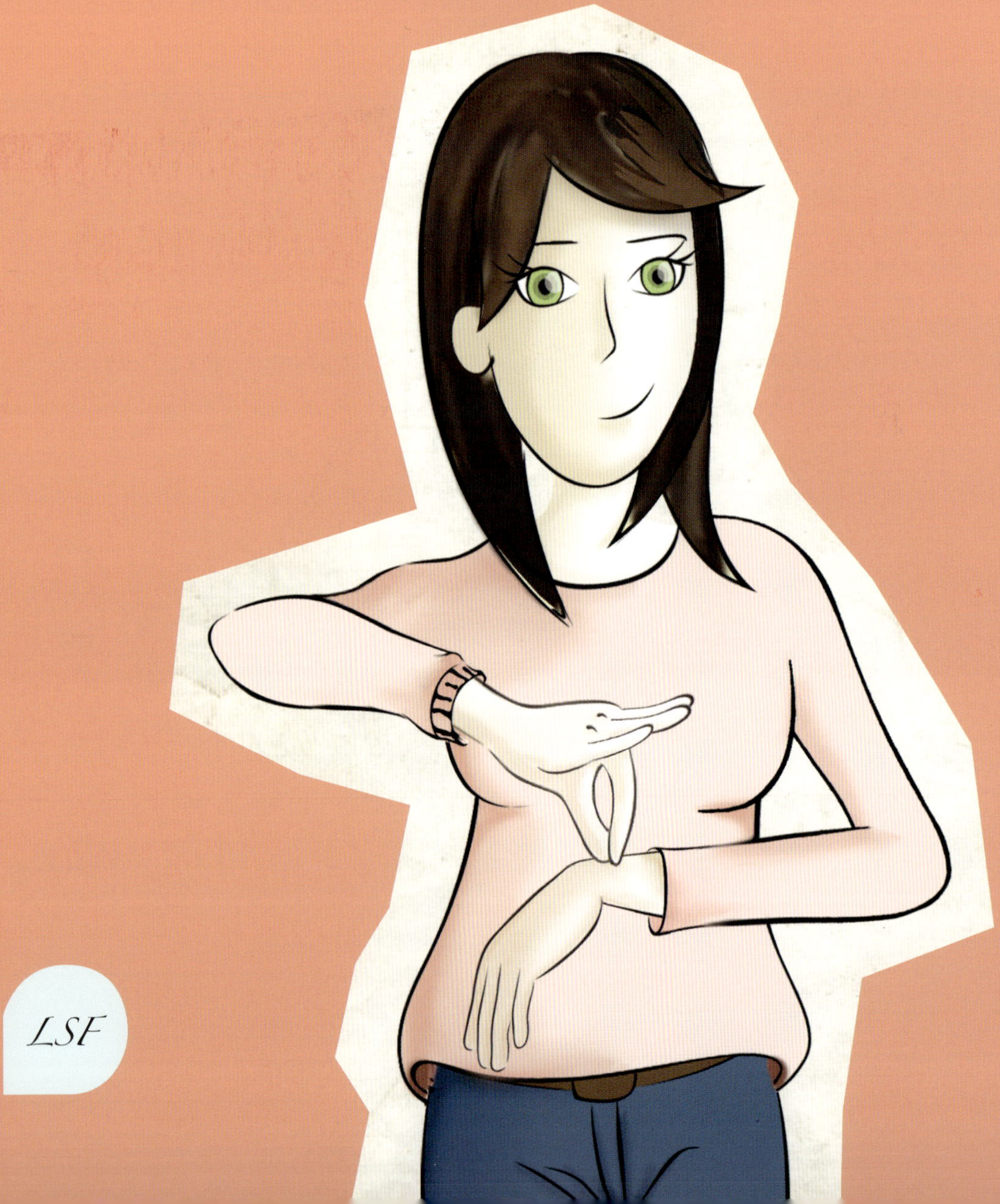

Serrez l'index et le pouce et venez tapoter deux fois la face extérieure de l'autre poignet.

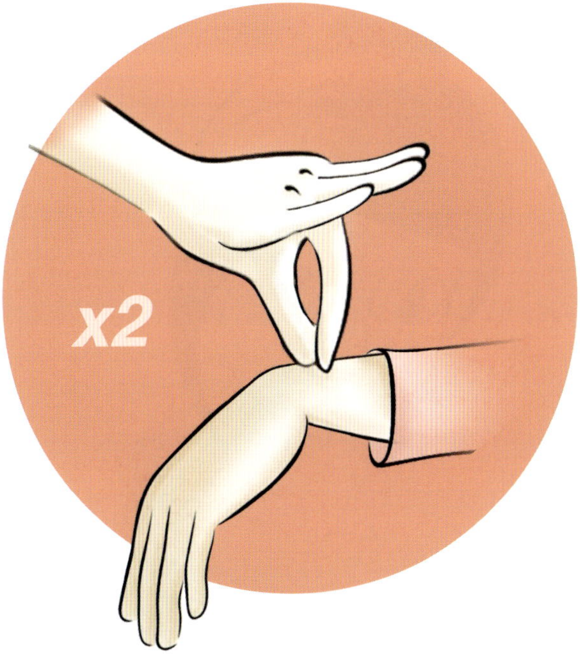

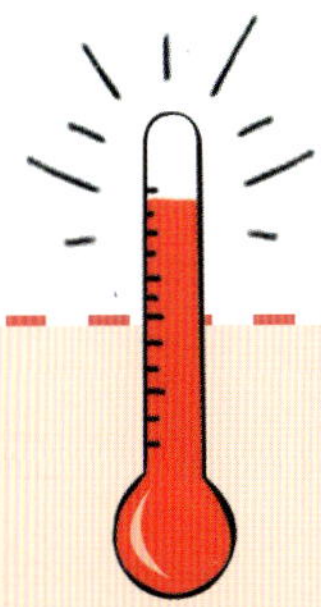

Mes petites notes

Aider

LSF

Posez votre main gauche au-dessus de votre coude droit, placez votre main droite au-dessous de votre coude gauche puis levez votre coude gauche.

Vous pouvez également utiliser ce signe pour dire « Besoin d'aide »

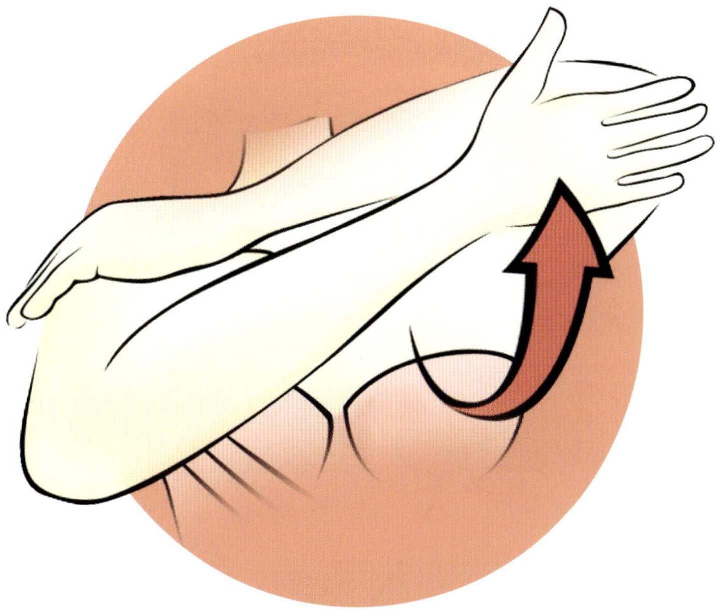

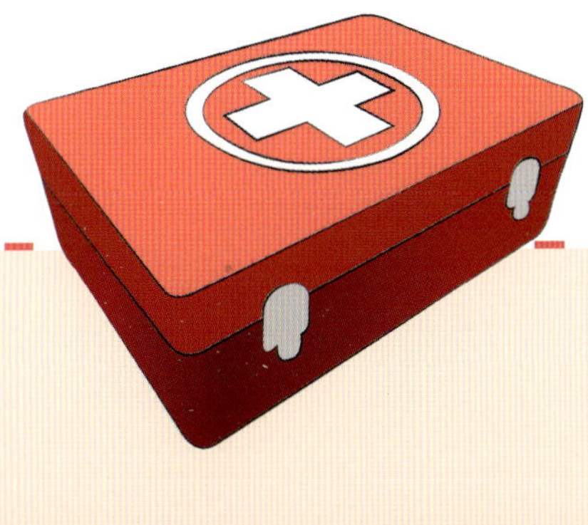

Mes petites notes

Froid

Croisez les bras et frottez-les comme pour vous réchauffer.

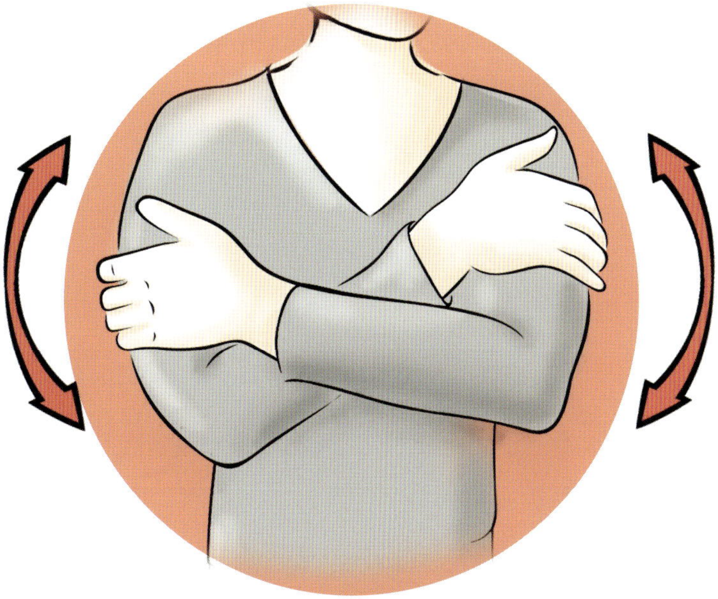

Mes petites notes

Livre

LSF

Collez vos paumes ensemble puis ouvrez-les en maintenant les auriculaires collés.

Mes petites notes

Danser

LSF

Placez votre main gauche à l'horizontale, paume vers le ciel, puis mettez l'index et le majeur de l'autre main sur votre paume et faites des mouvements de droite à gauche.

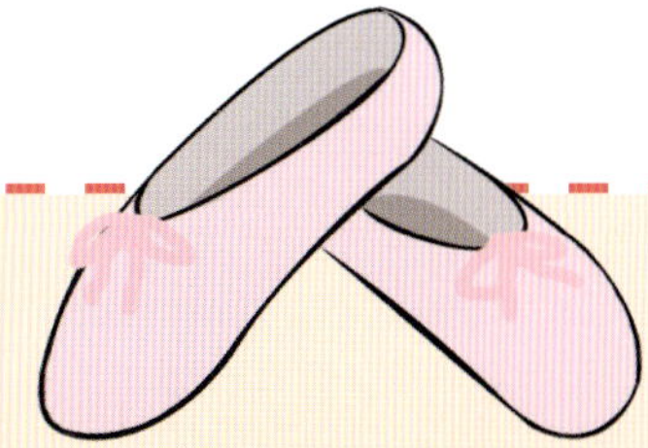

Mes petites notes

Ballon

LSF

Faites comme si vous teniez un ballon dans les mains.
Placez vos mains devant le torse et gonflez vos joues en même temps.

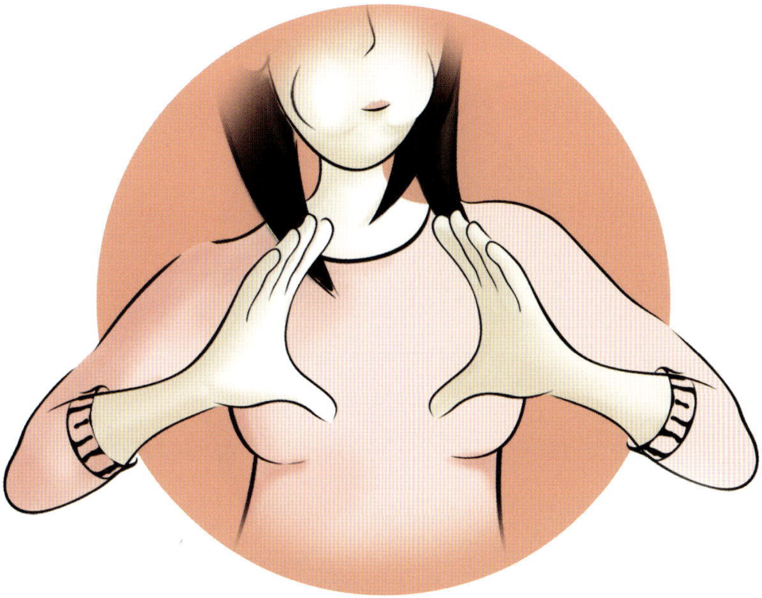

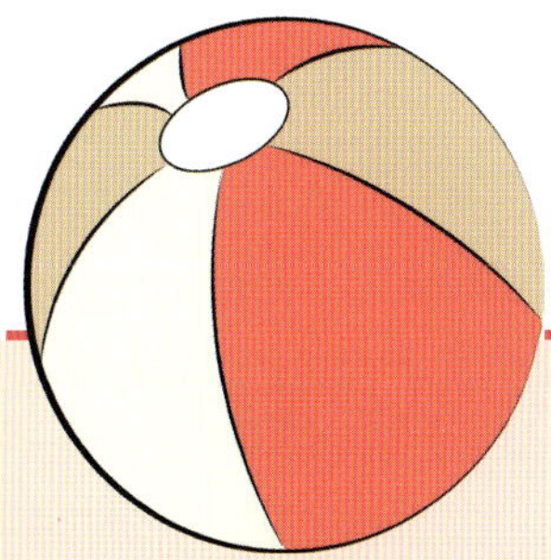

Mes petites notes

Poupée

LSF

Placez votre main gauche sous votre coude droit. Pliez le bras.
Serrez le poing à l'exception de votre pouce et de votre auriculaire et faites tourner deux fois votre poignet sur lui-même.

Mes petites notes

Voiture
LSF

Positionnez les mains comme sur le volant d'une voiture.
Baissez légèrement vos mains l'une après l'autre.

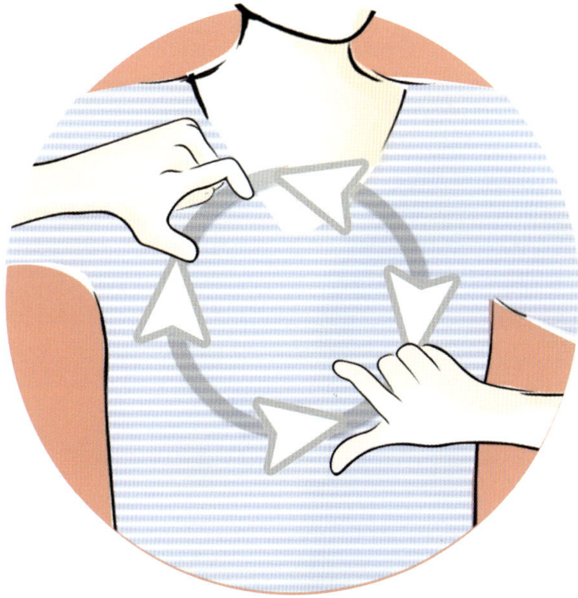

Mes petites notes

Chapitre 4

Bébé grandit et **son périmètre d'action continue de s'élargir.**

Il découvre désormais **les couleurs et les animaux**, l'occasion d'apprendre de nouveaux signes.

Maison

LSF

Joignez les doigts de vos deux mains, paumes ouvertes, et formez le toit d'une maison.

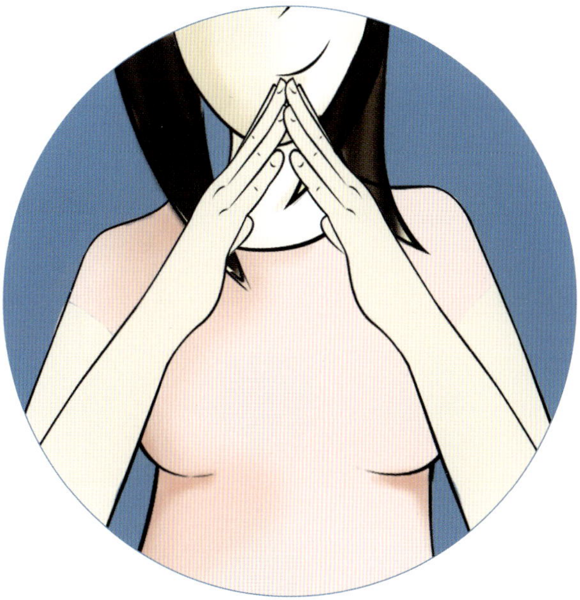

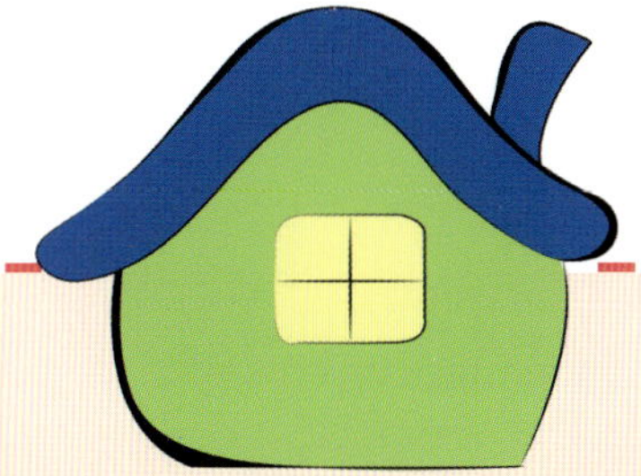

Mes petites notes

Viens

LSF

Serrez le poing en pointant votre index vers le ciel.
Puis faites basculer votre main vers le sol.

Mes petites notes

Chien

LSF

Placez votre main perpendiculairement au sol, doigts vers le haut.
Faites pivoter deux fois votre poignet de haut en bas, sans bouger le bras.

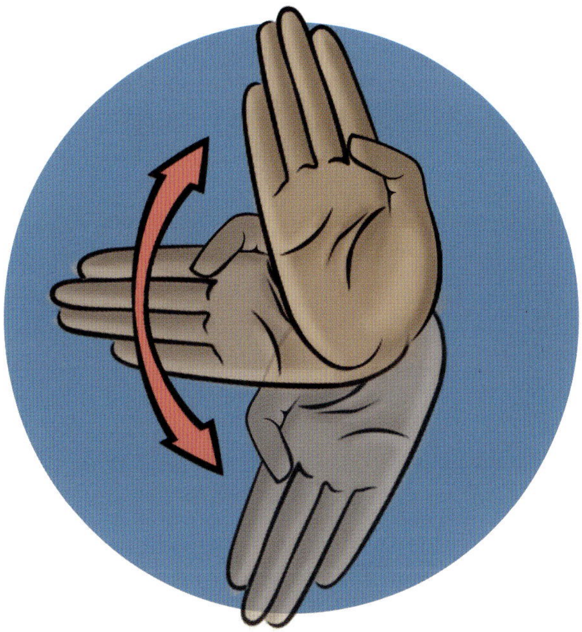

Mes petites notes

Chat

LSF

Pincez le pouce, l'index et le majeur de chaque main près de votre bouche puis éloignez-les en écartant les doigts.

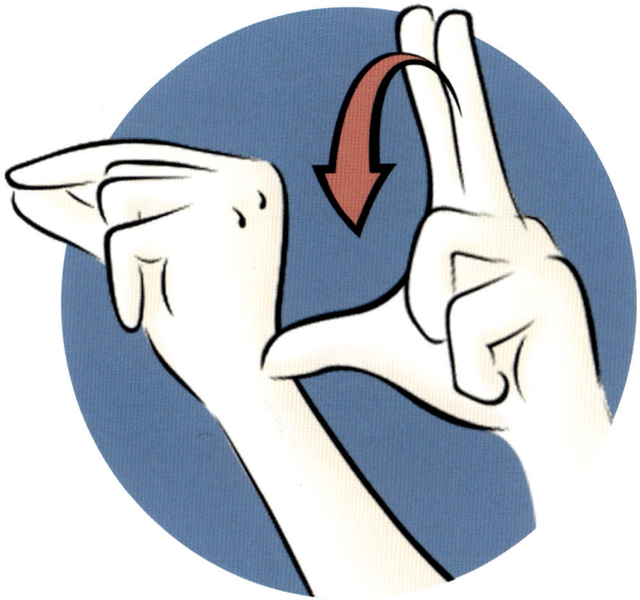

Mes petites notes

Lapin

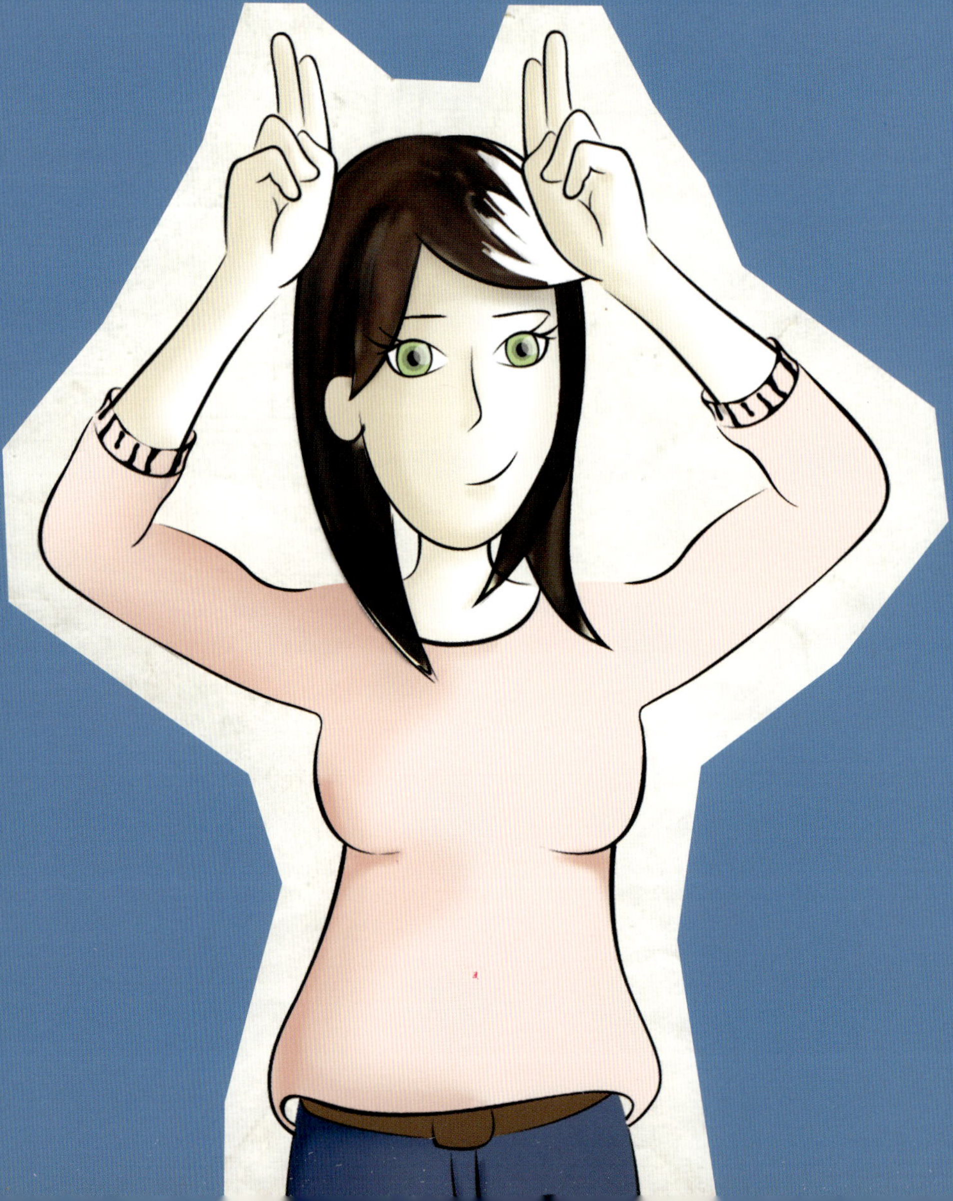

LSF

Placez vos mains des deux côtés de votre tête, index et majeurs levés, pour imiter les oreilles d'un lapin. Puis pliez-les et dépliez-les deux fois.

Peut aussi se faire en pliant les doigts vers l'arrière

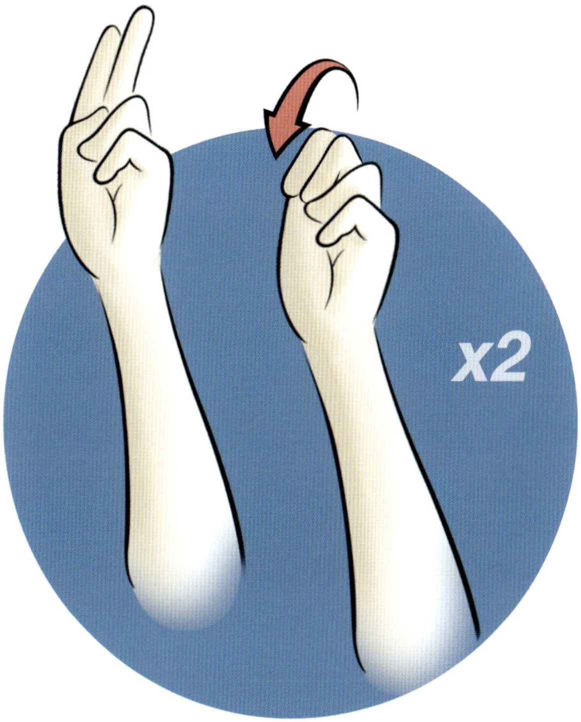

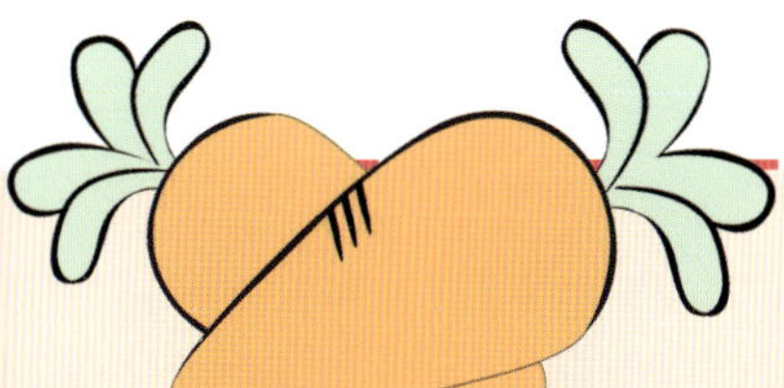

Mes petites notes

Girafe

Placez l'index et le pouce de vos deux mains en forme de C devant votre cou. Relevez ensuite la main droite vers le haut en conservant ce geste.

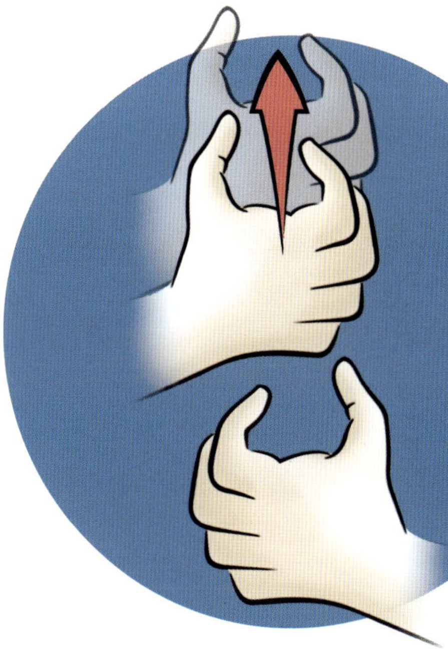

Mes petites notes

Bleu

LSF

Placez le dos de votre main tendue face à vous.
Puis rentrez votre pouce et pliez votre main à 90° deux fois.

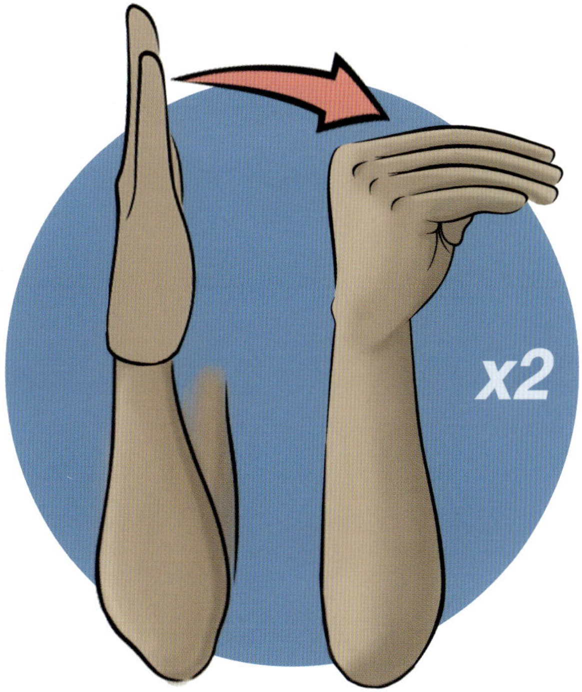

Mes petites notes

Jaune

LSF

Serrez le poing à l'exception du pouce et de l'auriculaire.
Placez-le près de votre bouche et faites deux fois un mouvement circulaire.
L'auriculaire doit carresser la joue.

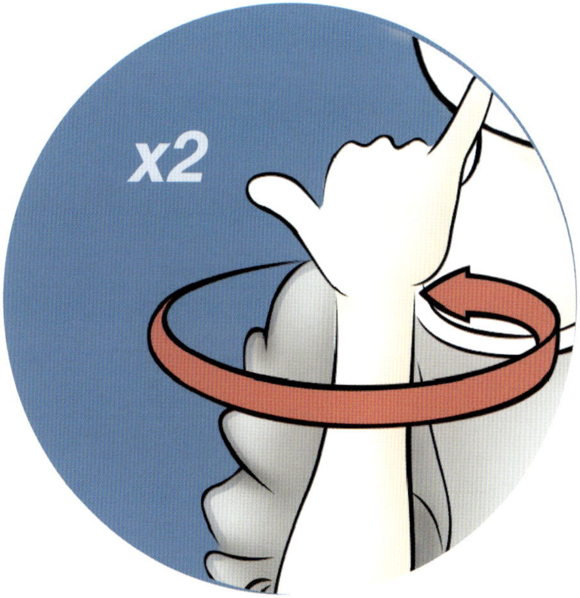

Mes petites notes

Vert

LSF

Serrez le poing en laissant l'index et le majeur à moitié pliés.
Tapez deux fois dans le vide.

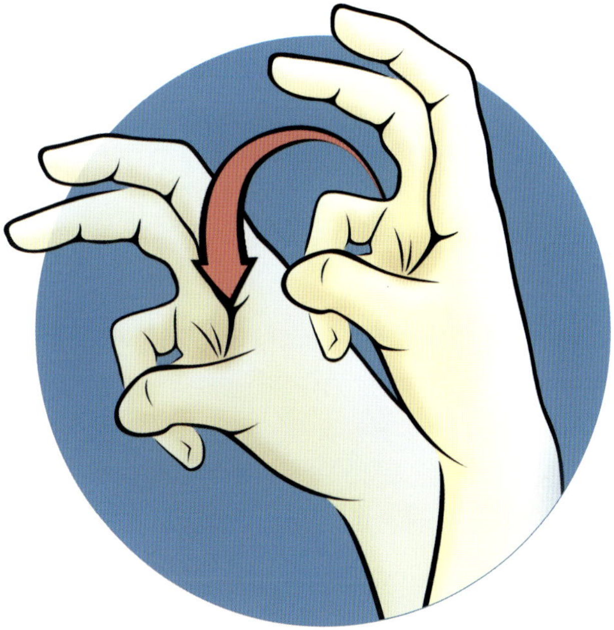

Mes petites notes

Rouge

Placez votre index devant votre bouche, paume face à vous.
Puis descendez verticalement votre main en pliant votre index à moitié.

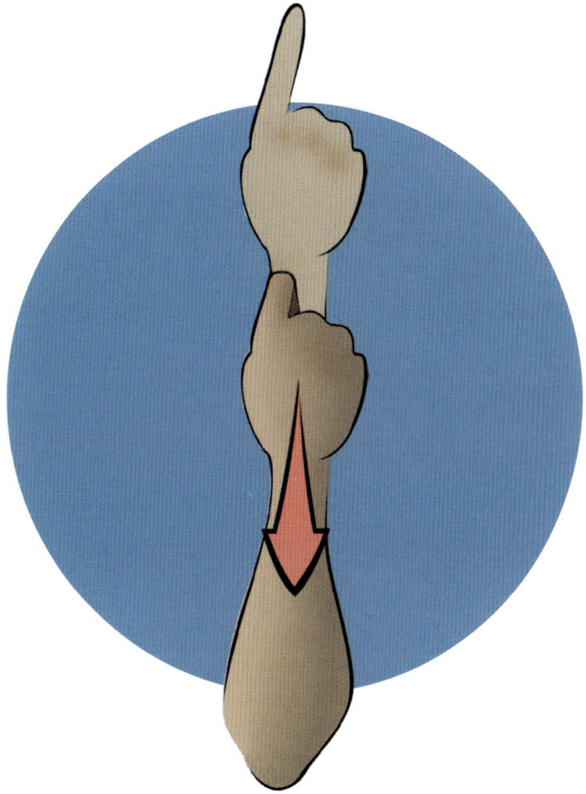

Mes petites notes

Chapitre 5

Bébé grandit encore. Nouvelle étape de son développement, il commence à comprendre qu'**il peut dire non** ou qu'**il vous aime**.

C'est le moment d'introduire les signes liés aux **sentiments**, à **l'altérité** et à **la politesse**.

Non

LSF

Index levé, effectuez un mouvement sec de la main vers l'extérieur.

Vous pouvez également utiliser ce signe pour dire « Stop »

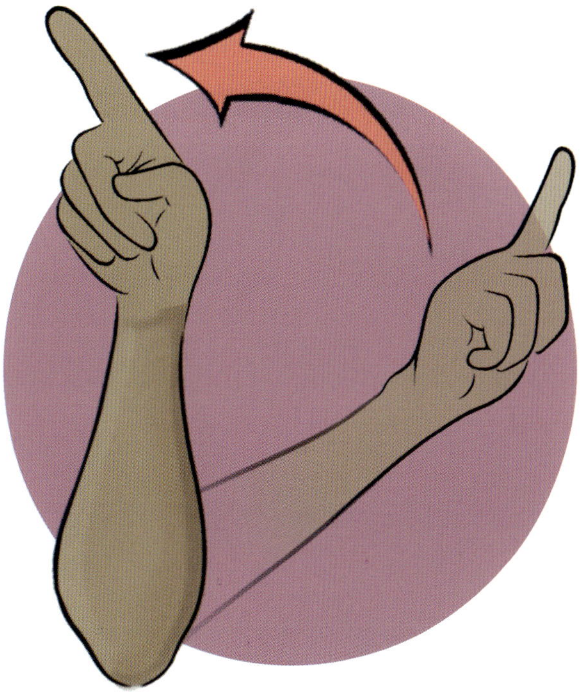

Mes petites notes

Vouloir

LSF

Ouvrez les mains face au ciel en pliant les doigts puis abaissez les bras.

Mes petites notes

S'il te plaît

LSF

Positionnez votre main ouverte le long de votre visage et face à bébé.
Puis faites-la descendre.

Mes petites notes

Merci

LSF

Placez votre main tendue face à votre menton
et éloignez-la doucement vers l'extérieur.

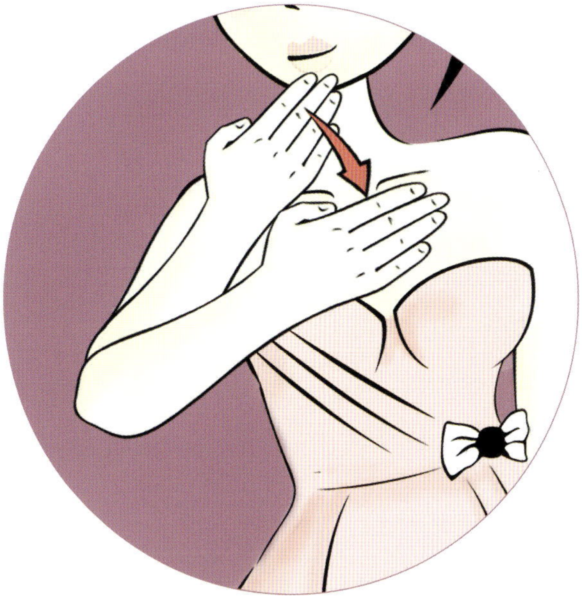

Mes petites notes

Pardon

Joignez horizontalement vos mains, paume contre paume et faites-les effectuer des mouvements circulaires.

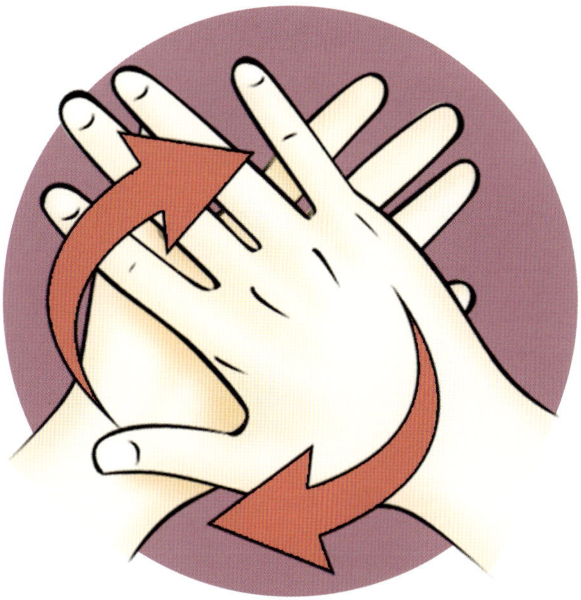

Mes petites notes

Peur
LSF

Main ouverte, tapotez à deux reprises sur votre torse, en paraissant apeuré.

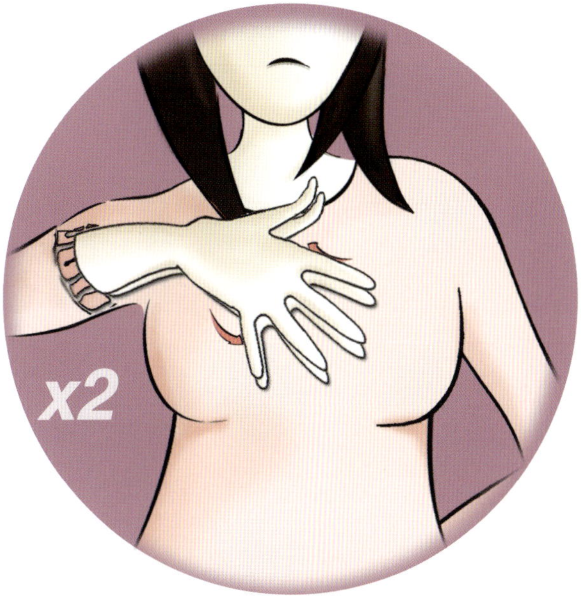

Mes petites notes

Marcher

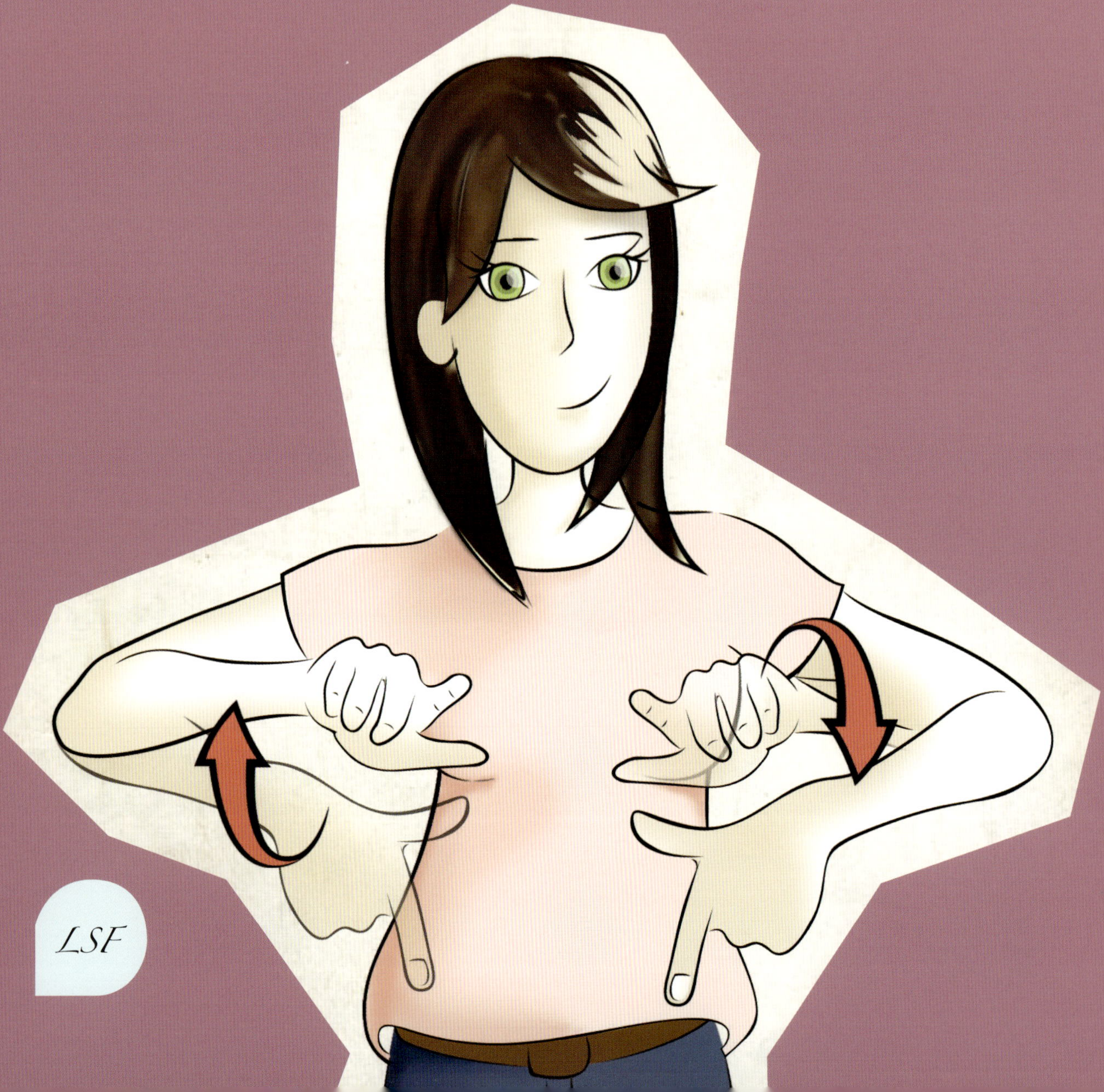

Serrez les poings, index et pouces levés, et placez-les devant votre torse.
Faites pivoter vos mains, doigts tendus vers le bas, chacune à leur tour.

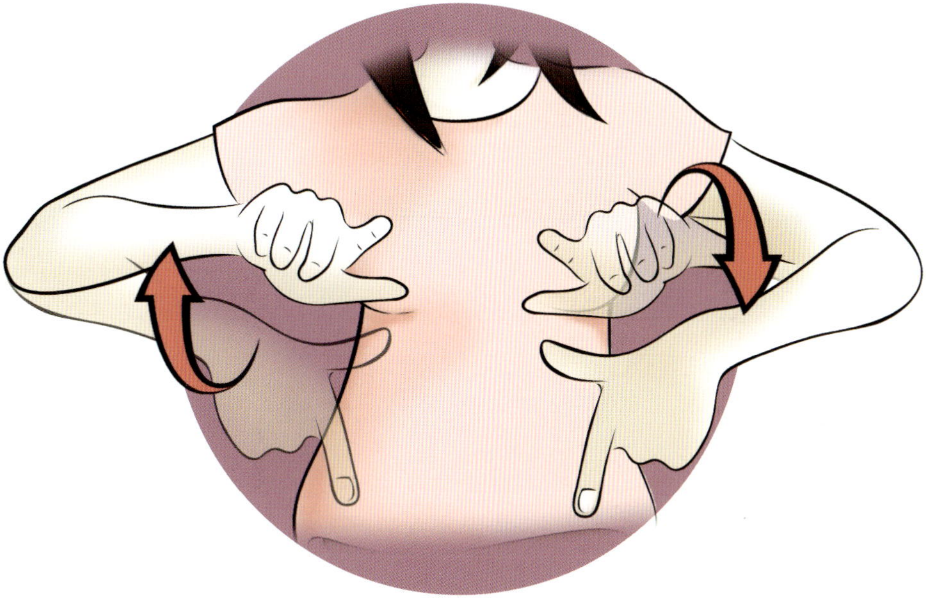

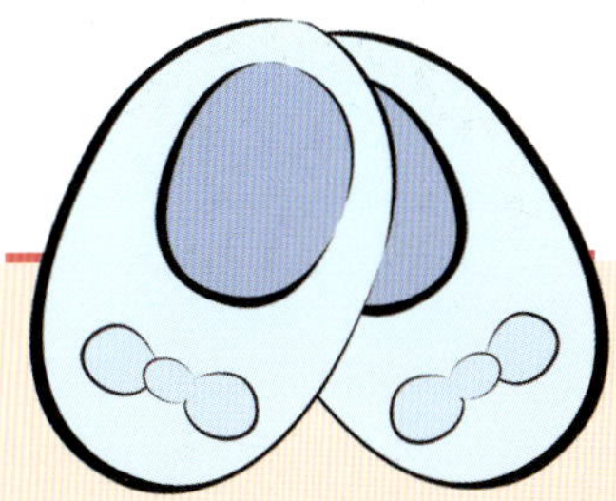

Mes petites notes

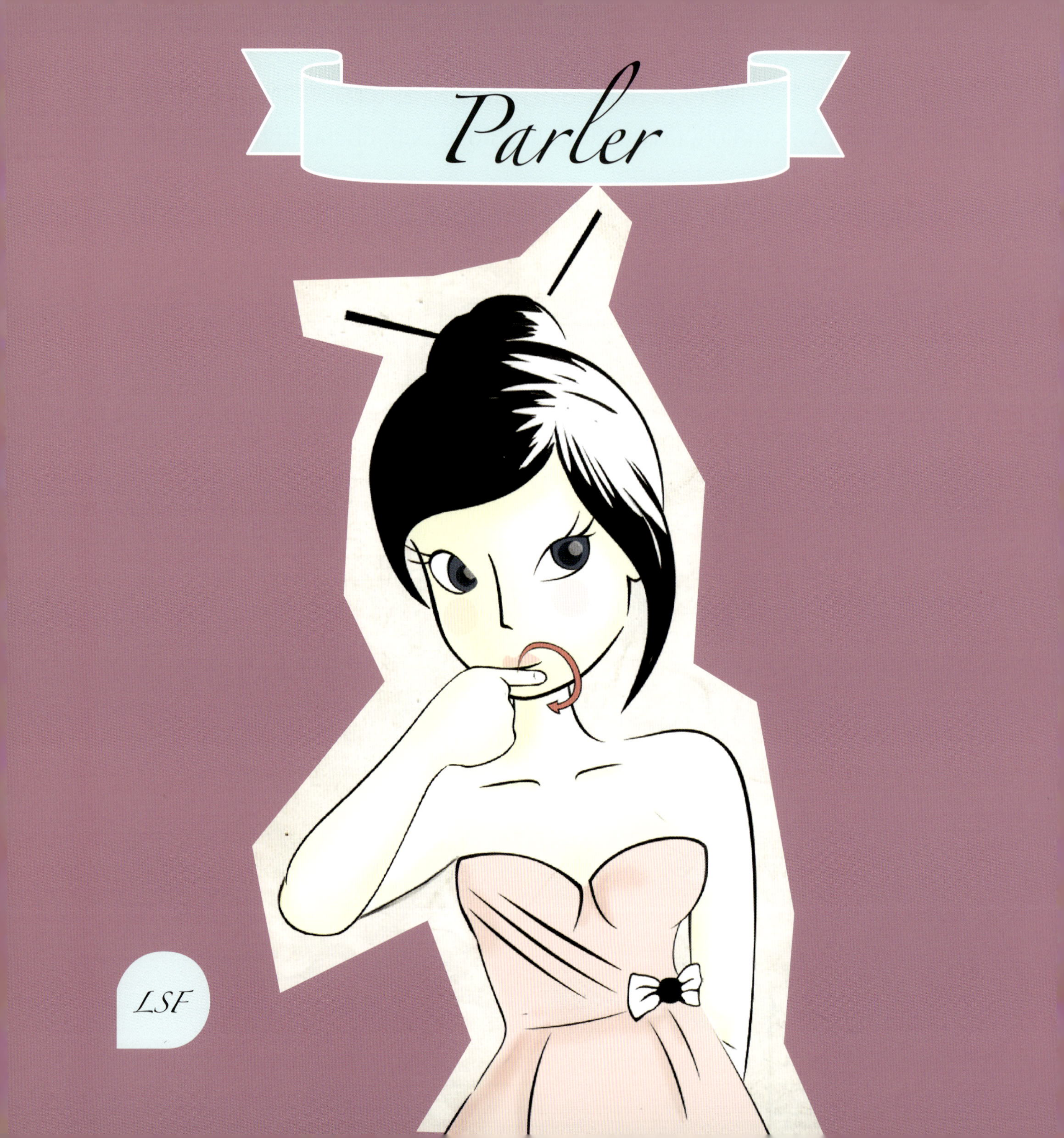
Parler
LSF

Placez votre index tendu devant la bouche et faites deux fois un mouvement circulaire vers l'avant.

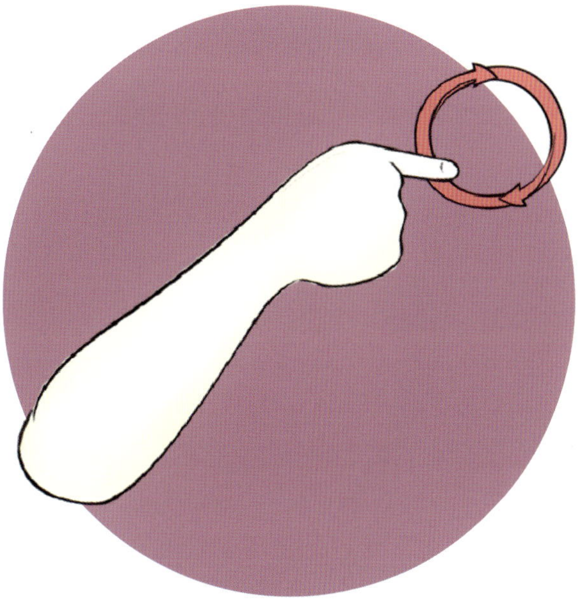

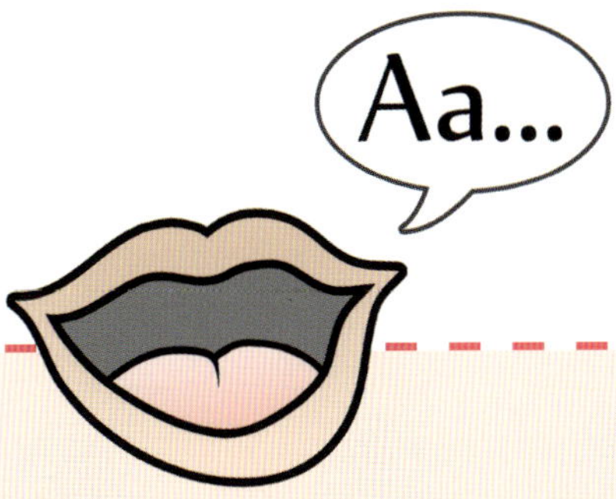

Mes petites notes

Content

LSF

Positionnez votre main ouverte face à votre poitrine et faites des cercles tout en souriant.

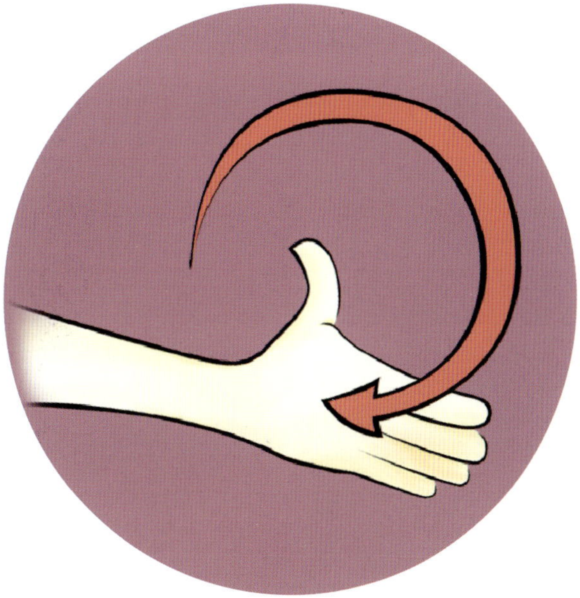

Mes petites notes

Je t'aime

LSF

Placez votre main face à votre poitrine puis levez-la de façon à ce que votre paume soit face au ciel.

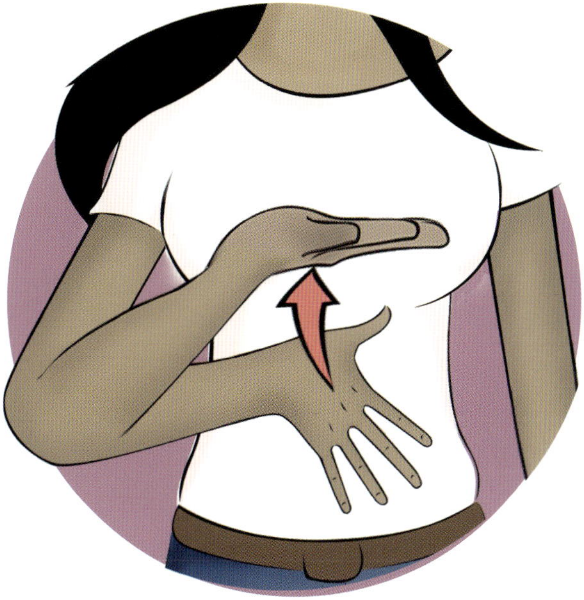

Mes petites notes

Index alphabétique

Remerciements

Arnaud Portanelli & Guillaume le Dieu de Ville - Fondateurs de Lingueo

Charles Alland - Chef de projet

Céline Fournier, Florence Davrout & Sylvie Lefebvre-Ledoux - Professeurs de LSB

Gérard Sanroma & Sandrine Rilliet - Professeurs de LSF

Eléonore Thery - Journaliste

Valérian Piffard, Benjamin Tap & Marc Kadi- Directeurs artistiques

Camille Lannel, Charlotte Labeis, Estelle Billie-Eve & Fabien Grandvalet - Graphistes

Marie-Josée Saramito - Directrice de crèche

Sans oublier la petite Violette - Mannequin main